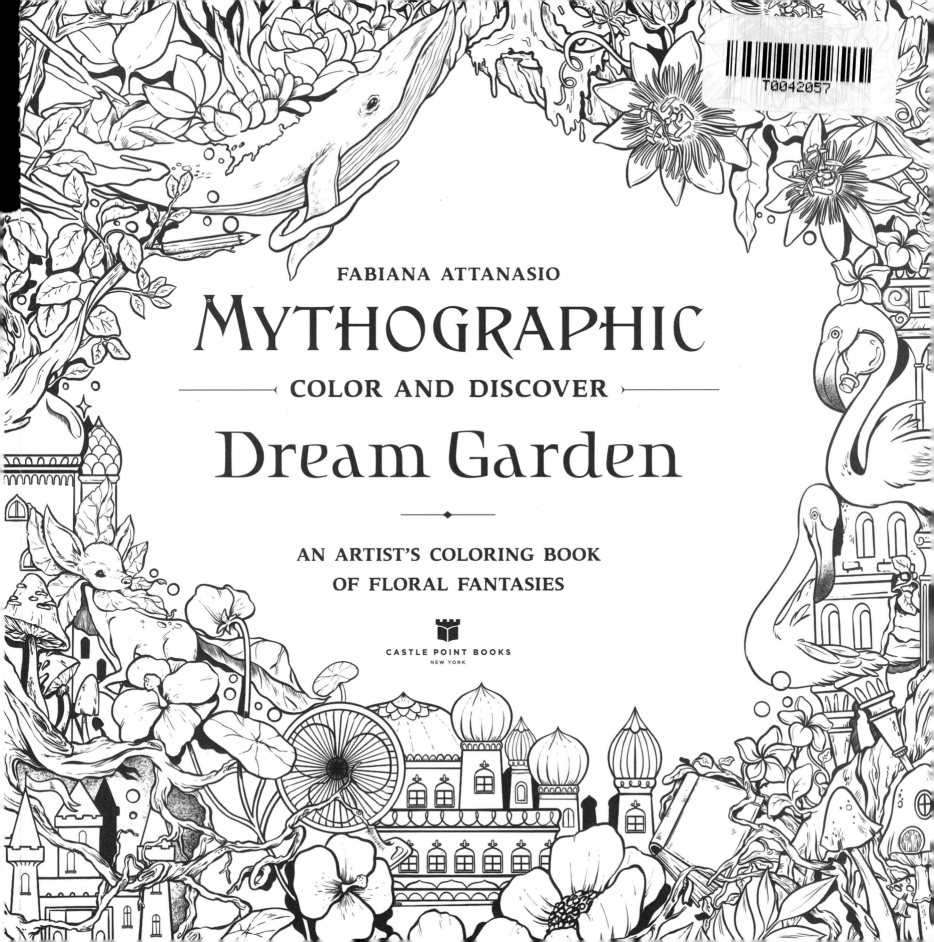

FABIANA ATTANASIO

MYTHOGRAPHIC

⟨ COLOR AND DISCOVER ⟩

Dream Garden

AN ARTIST'S COLORING BOOK
OF FLORAL FANTASIES

CASTLE POINT BOOKS
NEW YORK

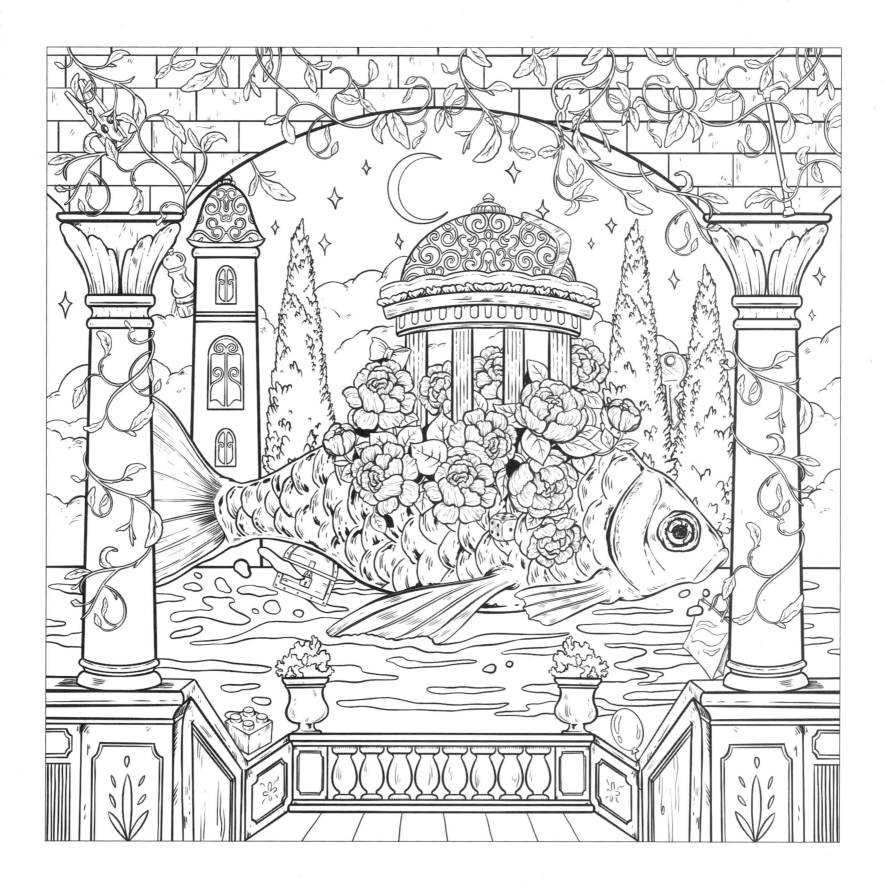

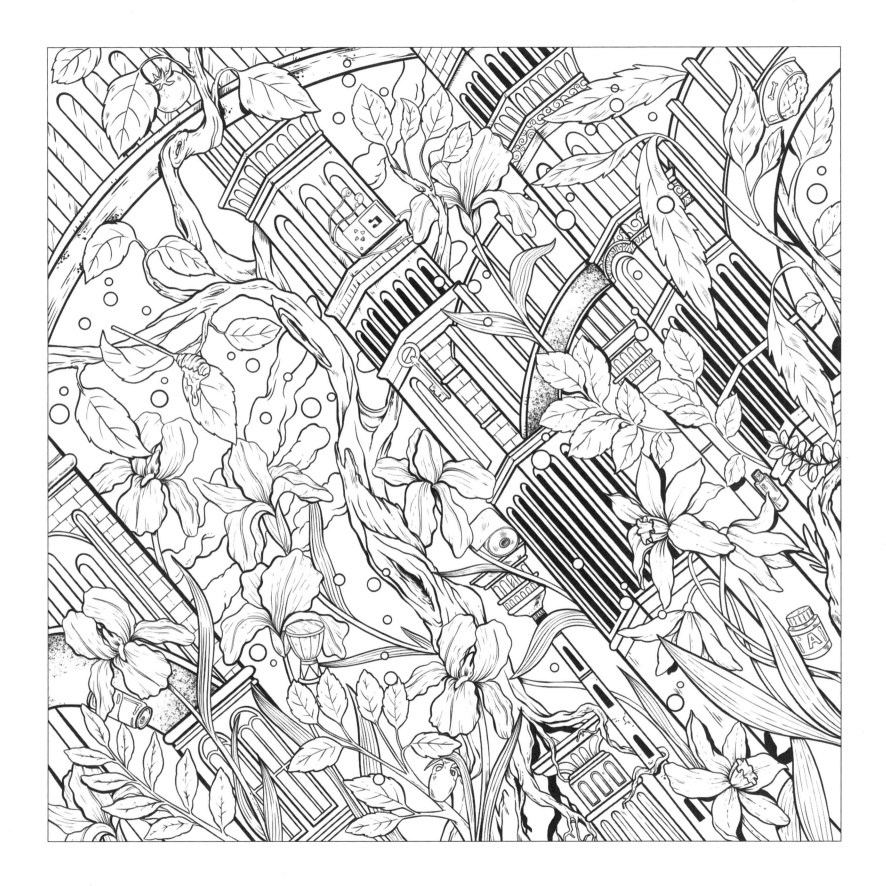

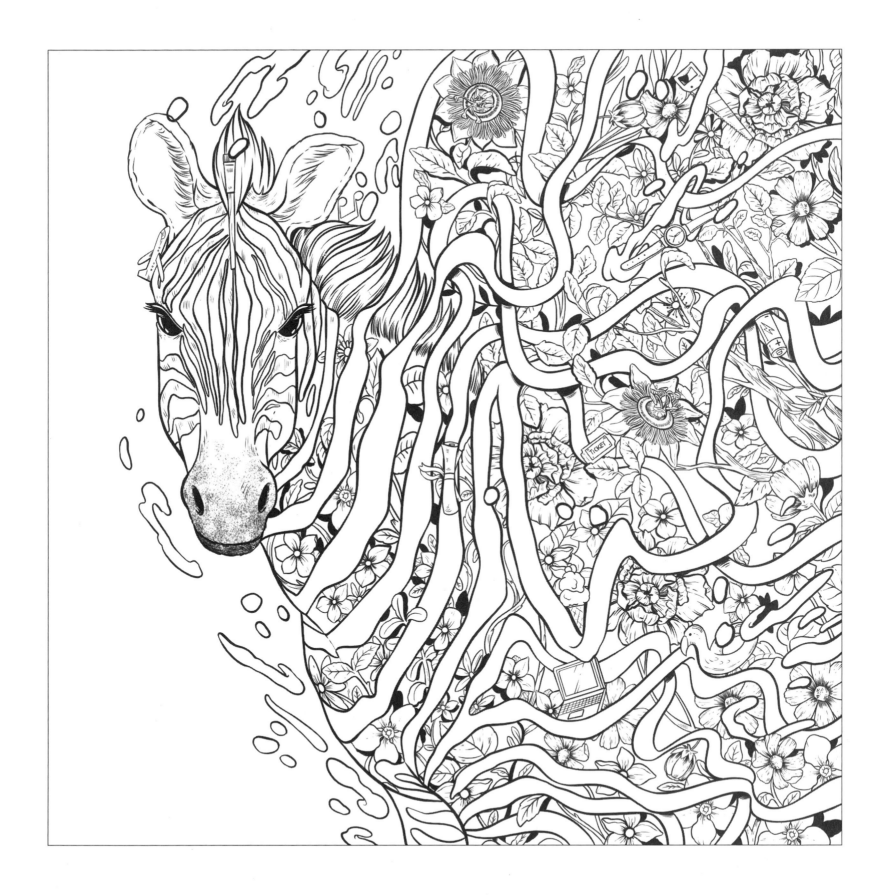

HIDDEN OBJECTS REVEALED

COVER

1 Ruler 2 Pencil 3 Doughnut 4 Hanger 5 Bottle
6 Ping Pong Paddle 7 Book 8 Fan 9 Slippers 10 Teacup

CYCLAMENS

1 Nail Clippers 2 Juicer 3 Soccer Ball 4 Umbrella 5 Folding Chair
6 Traffic Cone 7 Sandal 8 Fountain Pen 9 Globe 10 Gift
11 Bandage

BUTTERFLY FOUNTAIN

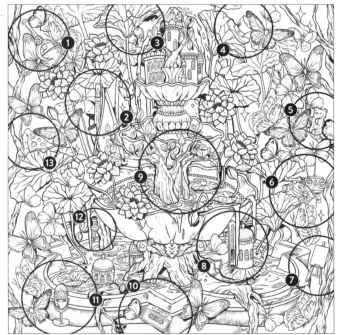

1 Magic Scepter 2 Felt-Tip Pen 3 Earring 4 Top Hat
5 Gummy Bear 6 Remote Controlled Car 7 Easel 8 Razor Blade
9 Arrow 10 Cassette Tape 11 Microphone 12 Screw 13 Slice of Pizza

AXOLOTL POND

1 Billiard Ball 2 Pencil and Paper 3 Rolling Pin 4 Perfume
5 Astronaut 6 Paintbrush 7 Camera 8 Magnifying Glass
9 Saxophone 10 Top Hat

POPPY BLOSSOMS

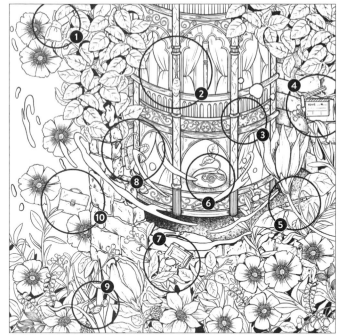

1 Bow **2** Feather Duster **3** Puzzle Piece **4** Clapperboard
5 Felt-Tip Pen **6** Music Note **7** Notebook **8** Jump Rope
9 Swimming Goggles **10** Briefcase

MANTIS MOON

1 Safety Pin **2** Moon Pendant **3** Perfume **4** Candy
5 Wooden Tub **6** Question Mark **7** Cuckoo Clock **8** Scissors
9 Binder Clip **10** Candle

CRYSTALINE FLOWER

1 Hacksaw **2** Smoking Pipe **3** Hot Air Balloon **4** Shovel **5** Dress
6 Sewing Pin **7** Puzzle Pieces **8** Measuring Tape **9** Cap

TORI TRAIL

1 Doughnut **2** Level **3** Padlock **4** Bolt **5** Lollipop **6** Candle
7 Slice of Cake **8** Fountain Pen **9** Spool of Thread **10** Sack of Grain
11 Necklace

PISCES PATH

1 Clothespin **2** Pepper Mill **3** Bow **4** Boomerang **5** Cane **6** Key
7 Shopping Bag **8** Balloon **9** Dice **10** Treasure Chest **11** Toy Brick

SWAN SUNSET

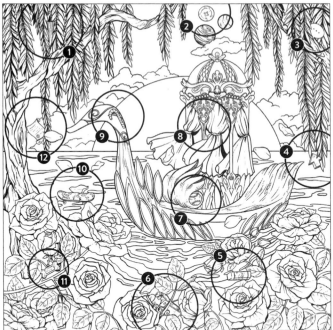

1 Umbrella **2** Button **3** Speech Bubble **4** Arrow Icon **5** Eraser
6 Toy Train **7** Baseball **8** Skeleton Key **9** Candy Cane **10** Skateboard
11 Dog Collar **12** Parchment

HEDGEHOG HIDEAWAY

1 1st Place Sash **2** Book **3** Painting **4** Oar **5** Slingshot
6 Protractor **7** Shell **8** Screw **9** Key Tag **10** Set Square
11 Magic Wand

IRIS TOWERS

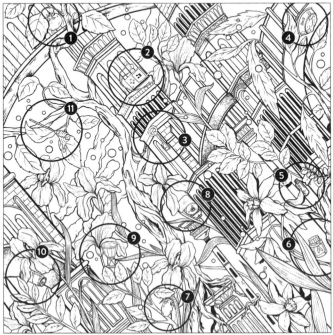

1 Tomato **2** Mp3 Player **3** Skeleton Key **4** Dog Bowl **5** Flash Drive
6 Vitamin Bottle **7** Ceramic Vase **8** Toilet Paper **9** Bongo
10 Soda Can **11** Honey Dipper

ZEBRA GROVE

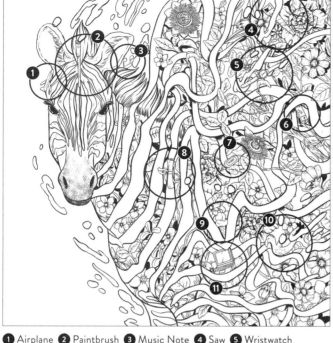

1 Airplane **2** Paintbrush **3** Music Note **4** Saw **5** Wristwatch
6 Battery **7** Ticket Stub **8** Scroll **9** Ice Cream Cone
10 Flamingo Pool Float **11** Laptop

FAIRY WATERFALL

1 Cupcake **2** Cappuccino **3** Cherry **4** Cap **5** Doughnut
6 Neck Tie **7** Headband **8** Nigiri Sushi **9** Rolling Pin **10** Chess Piece
11 Whistle **12** Bobby Pin

RAINFALL

1 Yo-Yo **2** Microphone **3** Music Note **4** Diamond Ring **5** Straw
6 Nail **7** Gummy Bear **8** Popsicle **9** Razor **10** Sack of Gold
11 Ball Mask

SEA SUCCULENT

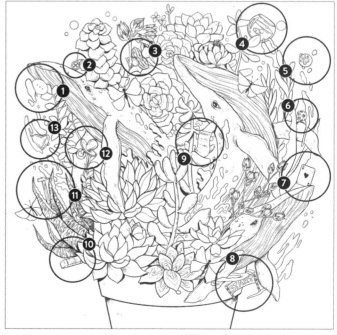

1 Speech Bubble **2** Button **3** Peanut **4** Fish Bowl **5** Paw Pendant
6 Gear **7** Playing Card **8** Start Line **9** Receipt **10** Eraser
11 Hammer **12** Pacifier **13** Bell

ARCTIC PARROT

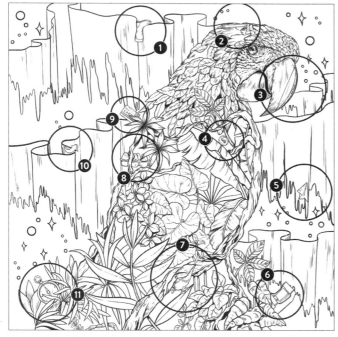

1 Rain Boot **2** Axe **3** Bow **4** Coin **5** Paper Airplane
6 Arcade Game **7** Magic Lamp **8** Eggs **9** Credit Card **10** Arrow Icon
11 Compass

SUNFLOWER SAIL

1 Beach Ball **2** Gear **3** Firework **4** Kite **5** Ball Mask **6** Video Game
7 Paintbrush **8** Jar **9** Straw **10** Spring **11** Road Sign

OVER THE CLOUDS

1 Tweezers **2** Beet **3** Bolt **4** Bow **5** Smartphone
6 Skeleton Key **7** Fan **8** Pencil **9** Sword **10** Paper Airplane

THE ASCENT

1 Quill **2** Hamburger **3** Neck Tie **4** Bolt **5** Harp **6** Nigiri Sushi
7 Cap **8** Mannequin **9** Chess Piece

THE BRAVE ONE

1 Scooter 2 Pan Flute 3 Pear 4 Baseball Bat 5 Poker Club
6 Cupid's Heart 7 Spring 8 Exclamation Mark 9 Wallet 10 Map
11 Anchor 12 Sock 13 Scuba Goggles

ZEN GARDEN

1 Hairbrush 2 Bow 3 Notebook 4 Microscope 5 Flashlight
6 Film 7 Test Tube 8 Soap Dispenser 9 Medieval Helmet
10 Rocking Horse

THE CHESS TERRACE

1 Bolt 2 Salt Shaker 3 Ramen Bowl 4 Glue Stick 5 Kitchen Timer
6 Party Hat 7 Nail 8 Match 9 Sharpener 10 Candy 11 Cotton Swab

BLOSSOM BUNNIES

1 1st Place Sash 2 Flip-Flop 3 Pincers 4 Magnifying Glass
5 Padlock 6 Lightbulb 7 Graduation Cap 8 CD 9 Paint Palette
10 Desk Lamp 11 Football 12 Film 13 Beer Mug

THE SPOTTED WILLOW

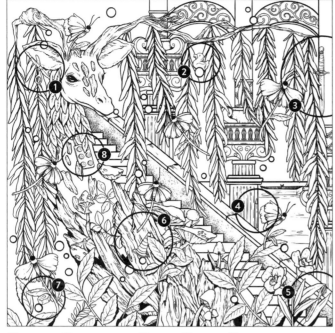

1 Scissors 2 Rubber Duck 3 Sword 4 Pencil 5 Toothbrush
6 Traffic Cone 7 Bolt 8 Toy Brick

THE WOOD COVE

1 Arrow Icon 2 Music Note 3 Jam Jar 4 Flash Drive 5 Gift
6 Calendar 7 Cannon 8 Torch 9 Espresso Pot 10 Ceramic Pot
11 Croissant 12 Tack

TIKI GARDEN

1 Gears 2 Chalk Board 3 Tack 4 Earrings 5 Hourglass
6 Tape Dispenser 7 Sanitizer 8 Skeleton Key 9 Mechanical Pencil
10 Trophy

UNDERWATER GARDEN

1 Rubber Duck 2 Toothbrush 3 Cauldron 4 Spray Can 5 Bird Cage
6 Pencil 7 Remote Control 8 Button 9 Birthday Cake 10 Salt Shaker

SECRET LOCK

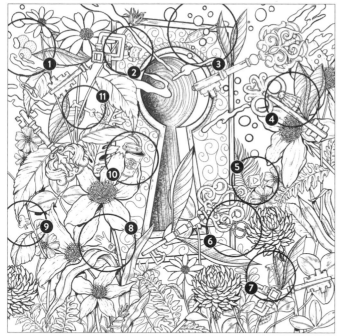

1 Cookies **2** Lucky Cat **3** Crystal Pendant **4** Winter Hat
5 Play Button **6** Scissors **7** Spray Bottle **8** Glove **9** Poker Club
10 Coffee Cup **11** Bone

FLOWER DANCER

1 Button **2** Music Note **3** Soccer Ball **4** Nesting Doll **5** Flag
6 Yarn **7** Fork **8** Gift

CELESTIAL GATE

1 Television **2** Stamp **3** Gear **4** Baseball **5** Dollar Sign **6** Pliers
7 Magnet **8** Frog Toy **9** Plague Mask **10** Glue **11** Dress
12 3D Glasses **13** Heart Bubble **14** Felt-Tip Pen

FLORAL FAIRIES

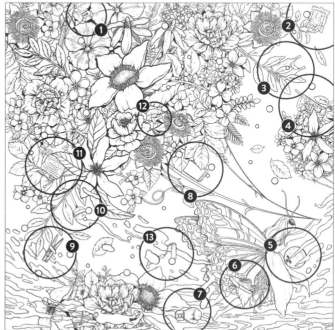

1 Bolt **2** Portrait **3** Shirt **4** Lemonade **5** Bowling Ball **6** Sneaker
7 Boxing Glove **8** Book **9** Clothespin **10** Lollipop **11** Knitting
12 Tack **13** Paint Roller

RISING TIDE

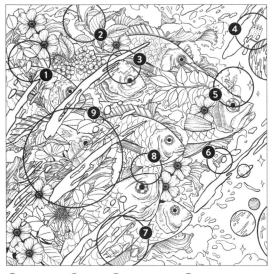

1 Hourglass **2** Ladle **3** Puzzle Piece **4** Calendar
5 Beet **6** Screw **7** Power Cord **8** Music Note
9 Fishing Rod

RIVER GARDEN

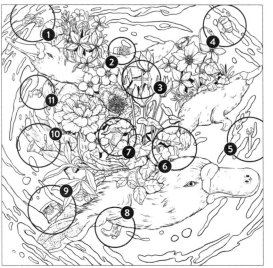

1 Toy Blocks **2** Potted Plant **3** Pickaxe **4** Chef's Hat
5 Wrench **6** Power Drill **7** Lemonade **8** Cowboy Boot
9 Telephone **10** Megaphone **11** Candy

SOLARIUM

1 Diamond Ring **2** Folding Fan **3** Ballpoint Pen
4 Valentine Chocolates **5** Skeleton Key **6** Scarf
7 Kitchen Knife **8** Vitamin Bottle **9** Sneaker **10** Fork
11 Yarn **12** Paintbrush

ELF FOREST

1 Makeup Brush **2** Milk Carton **3** Dress **4** Pillow
5 Movie Camera **6** Dagger **7** Croissant **8** Pencil
9 Bottle **10** Mirror **11** Tack **12** Lantern

SEA GREEN

1 Carabiner **2** Diamond **3** Piggy Bank **4** Poker Chip
5 Bunting **6** Can of Tuna **7** Thimble **8** Rope
9 Candy **10** Whisk **11** Letter **12** Industrial Stapler
13 Ping Pong Paddle **14** Hanger

TREE HOUSE

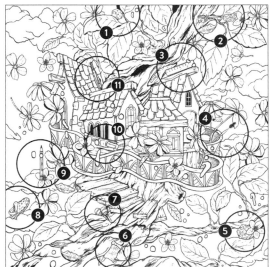

1 Dice **2** Skeleton Key **3** Ruler **4** Mascara Wand
5 Multi-Sided Dice **6** Parchment **7** Maracas **8** Clog
9 Pencil **10** Nail Polish **11** Tweezers

MYTHOGRAPHIC COLOR AND DISCOVER: DREAM GARDEN.

Copyright © 2021 by St. Martin's Press.
All rights reserved. Printed in Canada. For information,
address St. Martin's Press, 120 Broadway, New York, NY 10271.

www.castlepointbooks.com

The Castle Point Books trademark is owned by Castle Point Publishing, LLC.
Castle Point books are published and distributed by St. Martin's Publishing Group.

ISBN 978-1-250-27540-0 (trade paperback)

Cover design by Young Lim
Edited by Monica Sweeney

Our books may be purchased in bulk for promotional, educational, or business use.
Please contact your local bookseller or the Macmillan Corporate
and Premium Sales Department at 1-800-221-7945, extension 5442,
or by email at MacmillanSpecialMarkets@macmillan.com.

First Edition: 2021

10 9 8 7 6

Discover more of Mythographic

FROG POND

1 Watermelon Slice 2 Match 3 Tea Bag
4 Spool of Thread 5 Iron 6 Perfume 7 Slippers
8 Message in a Bottle 9 Swiss Army Knife

MAGIC STONES

1 Toy Block 2 Salt Shaker 3 Candle 4 Lighter
5 Movie Camera 6 Compass 7 Tack 8 Crown
9 Sailor's Hat

PALACIAL FOUNTAIN

1 Tepee 2 Spear 3 3D Glasses 4 Pinwheel 5 Pickaxe
6 Tennis Racket 7 Candy 8 Starfish 9 Highlighter
10 Erlenmeyer Flask 11 Lighter

PALM PARADISE

1 Glasses 2 2nd Place Sash 3 Taco 4 Shirt 5 Scissors
6 Lightbulb 7 Brush 8 Bow and Arrow 9 Golf Club

FLAMINGO PASSAGE

1 Volleyball 2 Firework 3 Arrow Icon 4 Ballpoint Pen
5 Puzzle Piece 6 Cupcake 7 Wrench 8 Fish Hook

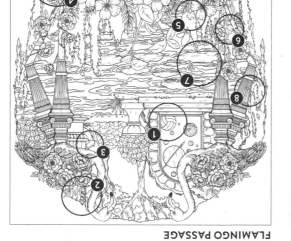